U0153976

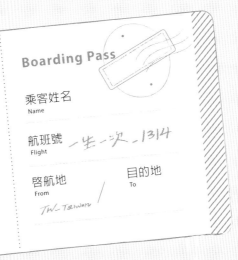

Boarding Pass

乘客姓名
Name

航班號　一生一次_1314
Flight

啓航地　　　　　目的地
From　　　　　　To

TW_Taiwan

一生一次

旅遊指南

美好人生的準備與告別

臺灣死亡咖啡館活動發起人
生死關懷教育推廣協會理事長

郭慧娟

對國人來說,能夠好好面對死亡、思考死亡、和家人談論生死,是一件很不容易的事。對年僅二十出頭歲的大學生而言,願意以人生最後一程為探討主題,作為畢業研究專題,就更不容易了。

文怡、巧柔、仟妤、庭芸四位同學,為了這個專題,以將近十個月的時間,認真地參加「死亡咖啡館」和「生死桌遊館」活動,聆聽不同生死主題演講,體驗各種生死教育桌遊,期待了解國人在生命最後一程的諸種感受與經驗,認真學習和探討的精神與態度值得嘉許與肯定。

在高齡、少子的時代,建立國人正向面對死亡的觀念與態度,是十分重要的課題。尤其是生命自主觀念逐漸抬頭的今

天，臨終醫療和身後事都可以自己思考並決定做主，若能將生命最後一程自己想做的事寫下來、預立遺囑，不但可以避免子孫家人的困擾與不知所措，更是圓滿個人生命的重要做法。

《一生一次旅遊指南》這本書籍，內容涵括生命最後一程應該關注的事，包括：臨終醫療問題、身後事處理、預立遺囑問題，以及失去親人以後的喪親悲傷等。閱讀此書完全可以感受到孩子們已經打開探索死亡和對死亡應有預習認知的心門。該書並嘗試用一生只有一次的生命旅程為概念，配以生動的插圖，溫馨地提醒讀者可以用正向的態度面對死亡。

期待透過年輕孩子們對生命最後一程的關懷期待與視角，能提醒更多國人重視生死教育，並落實在每一個家庭，讓每個人生命最後的告別是美好、無憾的。

初生之犢不畏虎

公共電視文化事業基金會董事
國立交通大學傳播與科技學系教授

張玉佩

談生死，是個很難的題目。新生兒誕生的快樂與喜悅，很容易觀察、訪談與寫作。因為生命的快樂，是人們聊天時很容易啟動與分享的話題；相反地，死亡的話題，經常是人們盡量避免提到的。如同經過出殯儀式或停柩在家的地點，大家都是低著頭、快步走過，不想要沾惹到死亡的「晦氣」。我們對於死亡，是如此的恐懼、如此的避諱。

一年前，當這群孩子，即是巧柔、文怡、庭芸、仟妤一起來找我，說想做一本探討「死亡」議題的書，希望我擔任指導老師。我問：「為什麼是這個議題呢？她們年紀不過二十出頭，根本沒有什麼經驗或體驗。」她們回答說：「因為從小，

這就是個禁忌話題。家裡的長輩很少說，甚至不願意說，是個令人好奇又感到恐懼的議題。」

我一聽，就點頭笑著說：「好，那我們一起來探索看看。」

即便已經年過不惑的我，仍然對死亡充滿著眾多的困惑與未知。面對親人身體逐漸衰敗、邁向死亡的過程，我應該如何陪伴與面對？在親人死亡的當下，應該要先收拾一下自己的哀傷，還是先面對排山倒海而來的殯葬儀式安排？親人死亡後的世界，是什麼樣的樣態？我可以再度與他接觸嗎？思念，要用什麼樣的形式才可以傳遞到親人的手中？

這一年來，她們很認真地蒐集資料、訪談、規劃、討論與思考。遇到許多困難與瓶頸，但也一一過關斬將地認真處理。這本書，運用淺白的文字、活潑的敘事與溫暖的插畫，來談談生命中最大的關卡「死亡」。歡迎跟我們一樣對於死亡有困惑的朋友，都一起來看看。

目次

人的一生中有兩種必定會遭遇，也僅此一次的大事，一是生命的起點，另一個則是生命的終結。然而在這兩種「一生一次」中，出生往往帶來喜悅跟希望，人們樂於談論，甚至到處宣揚並傾盡全力做準備；而死亡，似乎天生就蒙著一層陰霾，大家避之唯恐不及，即使每個人都有一天需要面對，也不願意主動碰觸這個話題。

這就是一本關於死亡的書。

為什麼人們不敢談論死亡，卻又認為它十分重要？我們應該如何處理自己或他人的死亡？一個人的死亡除了自己，對他所歸屬的家庭與友人也有很大的影響，但是該如何面對死亡遺留下的種種情緒，或是自然地跟親友提起死亡呢？

對於死亡的疑問實在太多，比起出生，死亡更加難以捉摸，我們不知道如何看待它、也來不及做太多的準備。因此我們透過事前研究與親身經歷的訪談，想要利用更加親近、圖像化的方式帶領讀者了解這些議題，並透過本書找到自己面對死亡的態度與應對方式。

在本書中，除了對議題的認識，「談論」也是一個十分重要的環節。在 2018 年，我們發布了網路與實體問卷來了解家庭對生死議題的態度，並回收了約 200 份回覆。經過調查，有近兩成的父母

想要談論卻不知如何開口，或是不知道怎麼用孩子感興趣的方式一起討論。我們希望透過文字說明與插畫的方式，創造家庭能輕鬆討論死亡的氛圍。因為珍重，所以必須了解；而了解之後，則需要好好溝通。

就讓我們把死亡當作一趟一生一次的旅程，在這本書裡做好充分的行前準備。

現在，歡迎你參與一生一次的旅遊說明會。

在這裡你會認識一生一次旅行社的骷髏老闆，他負責辦理許多形形色色，甚至有點浮誇的死亡旅程，他將在書中擔任我們的導遊。

帶上你的好奇心與注意力，跟著骷髏老闆一起踏上這場旅行吧！

■ 骷髏老闆小檔案

職業：一生一次旅行社社長

工作內容：
協助客戶行前準備（預立醫療決定）、安排通
關方式（葬禮儀式）與行李打包（失落調適）

專長：
帶著各式各樣的客人用有趣的方式認識死亡、
自問自答絕不冷場

年齡：
問這個做什麼，很害羞吶！

興趣：
跟街坊鄰居聊八卦、為萬聖節的裝扮煩惱

同事 A：「老闆有點大嗓門，喜歡碎念，問什
　　　　　麼他好像都知道。」
同事 B：「老闆常常在我們不知道的時候跟客
　　　　　人混熟。」

第 1 章

旅途行前說明會：
預立醫療決定

每年臺灣約有十七萬人去世，也就是有十七萬個家庭因死亡而分離。

死亡好像踏上一場永不回頭的旅行，感覺只會帶來傷痛。不過依據老闆多年來在江湖走跳的經驗，發現其實許多帶著遺憾與悲傷上路的旅客，都是因為沒有事先「做決定」，而讓留下的親友必須面對艱難的抉擇。還記得多年前的那位李先生……

李先生是一位悲傷的旅客。因為流感併發重症的緣故，他在短短的時間內就進行插管急救，且施打鎮定劑陷入沉睡。在意識恍惚之間，他似乎聽見自己的太太在哭喊著：「我不想讓我的小孩面對這樣困難的選擇，我們怎麼能夠決定他的生死？」

先前他並沒有跟家人討論過相關的醫療問題，而李先生又喪失了自己的意識，因此所有後續急救、醫療的重大選擇就壓在了太太身上。他想要安慰身邊難過的太太，想跟她說「沒關係的，我只能到這裡了。」可是一切都已經來不及了。

預立醫療決定，就是希望每一個人能夠在意識清楚時，事先規劃自己在面臨疾病末期、無法治癒或依當時醫療水準無其他合適解決方法的臨床情況時，透過「預立決定」，讓自己以及深愛的人們在生命的最後時刻有一些依託。

■ 練習預立醫療決定 5 步驟

1 思考 ／ 當面臨不可預期的疾病時，我期待有怎麼樣的醫療照顧？以及，我「不希望」受到怎麼樣的醫療措施？

2 選擇 ／ 當我喪失意識時，我希望由……替我表達醫療意願。

3 溝通 ／ 好好地向醫療委任代理人、親友、醫療人員充分表達自己的醫療意願。

4 記下 ／ 記下討論結果，並簽署各項文件。

5 修改 ／ 只有「你自己」可以更改期望的預立醫療決定哦！

1 一生一次旅遊筆記：《病人自主權利法》

預立醫療決定有許多眉眉角角，有的保障在某些特殊情況時，能夠獲得自己想要的照顧與治療方式；有些則是在疾病末期時，可以選擇不進行非必要的急救。而 2019 年初實施的**《病人自主權利法》**，讓臺灣成為亞洲第一個立法保障病人醫療決定權的國家。

《病人自主權利法》以病人為主體，保障病人「優先」擁有對病情的知情權與醫療決定權，就能立下比過往更有效力、適用範圍更廣的醫療決定。所以這個法究竟在講什麼？跟我們又有什麼關係？現在就讓我們繼續看下去。

■ 病人自主權利法可以做什麼？

當我們遇到這些情況……

1. 末期病人
2. 處於不可逆轉之昏迷
3. 永久植物人
4. 極重度失智
5. 其他經中央主管機關公告之重大疾病

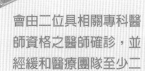

會由二位具相關專科醫師資格之醫師確診，並經緩和醫療團隊至少二次照會確認！

末期病人指的是罹患嚴重傷病，經醫師診斷認為不可治癒，且有醫學上之證據，近期內病程進行至死亡已不可避免者。

我們可以選擇……

○ 維持生命治療

　指心肺復甦術、機械式維生系統、血液製品、為特定疾病而設之專門治療、重度感染時所給予之抗生素等任何有可能延長病人生命之必要醫療措施。

　□ 接受
　□ 拒絕
　□ 當意識昏迷或無法清楚表達意願時，由醫療委任代理人代為決定
　□ 在一段時間內接受嘗試治療後停止

○ 人工營養及流體餵養

　透過導管或其他侵入性措施餵養食物與水分。

　□ 接受
　□ 拒絕
　□ 當意識昏迷或無法清楚表達意願時，由醫療委任代理人代為決定
　□ 在一段時間內接受嘗試治療後停止

■ 《病主法》遊樂園

《病主法》（拒絕醫療權）入場券：

☑ 年滿 20 歲（或未滿 20 歲已婚）
☑ 心智健全且意識清楚

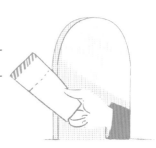

簽起來！預立醫療決定（AD）

step **1** ──────── step **2** ──────── step **3**

參與
預立醫療照護諮商
（ACP）

帶上
兩位見證人／
公證人

註記在健保卡

○ **地點：**
各縣市指定或同意的
醫療院所

○ **收費：**
上限 3500 元
（部分醫療院所提供
第二人以上隨行減免
費用優惠）

○ **醫院誰會來？**
醫師、護理師、心理
師或社工師

○ **誰要一起去？**
本人、至少一位二親
等內家屬、醫療委任
代理人（若有）

二親等內之親屬死
亡、失蹤或具特殊事
由時，可以不參與

關於病主法，你應該知道：

1. 親屬無法隨意更改你的決定

2. 醫療委任代理人不可以是見證人

3. 醫療委任代理人有資格限制：除了法定繼承人之外，其他
   會因為你的死亡，而得到好處者都不行，如：接受你的遺
   產贈與、器官捐贈的指定人等

4. 見證人也有資格限制：必須成年。除非見證人是你的法定
   繼承人，否則也不能是會因為你的死亡而得到財產等好處
   的人

講完了《病人自主權利法》，就不得不提到《安寧緩和醫療條例》！在《病主法》上路之前適用此條例，現在則是兩者並行。

在這個條例裡，病人得選擇所需的「安寧緩和醫療」與「維生醫療抉擇」的意願，後者包含對於「DNR（不實施心肺復甦術）」與僅延長生命的「維生醫療」之間抉擇的相關規定。《安寧緩和醫療條例》讓末期病人與家屬可以選擇最後的醫療照護方式，以及是否不再實施無效的急救措施與維生醫療。事不宜遲，我們趕緊來看看安寧療護跟 DNR 是在講什麼！

2　那段寧靜時光：安寧療護

「因為爸爸喜歡吃麵線，我們會餵他一小口，讓他可以嚐到那個味道。我們相信他有吃到味道。其實最後這段時間過得還滿平靜的。」全家人都很珍惜地聚在一起，跟病人說說話，讓他最後可以舒舒服服、安穩地離開。

很多人擔心接受安寧療護是不是就是放棄治療，或是覺得安寧病房是等死的地方。但如果要我來形容的話，我會認為這是一段專屬於家庭、平和寧靜的時光。

當病人有追求死亡、放棄的念頭時，往往是因為疾病或治療過程太痛苦。而安寧療護則是藉由專業醫療團隊協助，盡可能降低病人的身體不適，讓病人可以有尊嚴、「安樂活」到最後一刻。團隊同時也兼顧家屬身心靈的主動關懷，甚至會協助家屬一同來完成病人心願，讓整個家庭都能圓滿地迎接最後旅程。

{ 老闆報你知！}

誰可以接受安寧療護？

- 癌症末期
- 漸凍人
- 八大非癌末期：

  1. 老年期及初老期器質性精神病態（如失智）

  2. 其他大腦變質（如中風）

  3. 心臟衰竭

  4. 慢性氣道阻塞疾病，他處未歸類者

  5. 肺部其他疾病

  6. 慢性肝病及肝硬化

  7. 急性腎衰竭，未明示者

  8. 慢性腎衰竭及腎衰竭，未明示者

經專科醫師評估符合上述情形的病人，可以選擇接受安寧療護

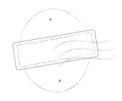

■ 四類安寧療護比一比

經兩位專科醫師診斷為末期病人（癌症末期、漸凍人與八大非癌末期）後，如果家屬與病人有意願，就可依據需求選擇合適的安寧療護方案。

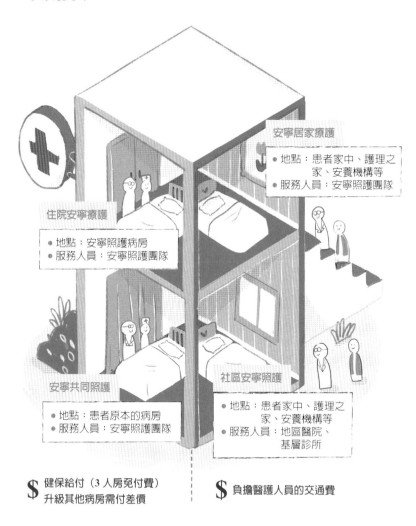

安寧居家療護
● 地點：患者家中、護理之家、安養機構等
● 服務人員：安寧照護團隊

住院安寧療護
● 地點：安寧照護病房
● 服務人員：安寧照護團隊

安寧共同照護
● 地點：患者原本的病房
● 服務人員：安寧照護團隊

社區安寧照護
● 地點：患者家中、護理之家、安養機構等
● 服務人員：地區醫院、基層診所

$ 健保給付（3 人房免付費）
$ 升級其他病房需付差價

$ 負擔醫護人員的交通費

3　最後一刻的溫柔：DNR

如果說安寧療護是家庭一同走過的寧靜時光，那麼 DNR 就是在生命最後一刻對病人的溫柔。

同屬於《安寧緩和醫療條例》，DNR（Do Not Resuscitate，不實施心肺復甦術）聽起來讓人有些難以親近。那麼，DNR 是什麼？是放棄急救的意思嗎？

其實正好相反，根據法律，僅有在兩位專科醫師認定病況進展至死亡已不可避免時，醫師才能根據病人先前所預立的 DNR，不給予心肺復甦術。DNR 代表的意義是在病情進展到無法逆轉的情況下，不再實施無效的急救，讓病患可以「好好走」、減少痛苦。也不需要擔心醫療團隊會因病人或家屬簽了 DNR，就不好好醫治，醫師對病人的照護並沒有終止，仍會給予有助於緩解疼痛或其他可以讓病人感覺比較舒適的治療，直到病人可以好好地離開為止，所以簽 DNR 並不是「放棄」！

■ DNR 小學堂：

DNR（Do Not Resuscitate）指的是臨終或無生命徵象時，不施行心肺復甦術。包括氣管內插管、體外心臟按壓、急救藥物注射、心臟電擊、心臟人工調頻、人工呼吸等救治都在其中。

DNR 何時才會實施呢？

1. 病人有意願書或病人失去意識時由家屬簽署同意書

2. 兩位專科醫師診斷，病況進展至死亡已不可避免

滿足兩個條件的情況下，就不會再給病患無效的急救

當遇到親人對 DNR 看法不一樣時，要聽誰的？

病人跟家屬都可以簽 DNR，在病患有自主意識時，可以自行簽署意願書；失去意識時，則由親屬代理簽署同意書。家屬往往不願看到親人受苦，而決定簽署同意書，但是當意見分歧時，必須遵守下方的順位表。

1 配偶

2 成年子女、孫子女

3 父母

4 兄弟姐妹

5 祖父母

6 曾祖父母、曾孫子女或三親等旁系血親

7 一親等直系姻親

家屬順位不同時，則以前順位為優先。如果同一順位有很多位家屬時，並不需要「所有」的家屬都同意，只要有其中一人簽署 DNR，即可發揮效力。之後若有其他前順位的家屬反對，需在病人 DNR 執行前，提出書面說明，詳見《安寧緩和醫療條例》第 7 條。

｛ 老闆報你知！｝

《病主法》／《安寧條例》比較：

話說回來，《安寧緩和醫療條例》實施已久，在 2019 年又上路了《病人自主權利法》，兩者都在保障病人的醫療意願，但這兩個究竟有什麼差別呢？現在就是我來大展身手的時刻了，一定能讓各位旅客一目了然！

《安寧緩和醫療條例》主要保障「末期病人」權利，而新上路的《病人自主權利法》則在適用對象與醫療決定上都有進一步擴大。

（續次頁圖表）

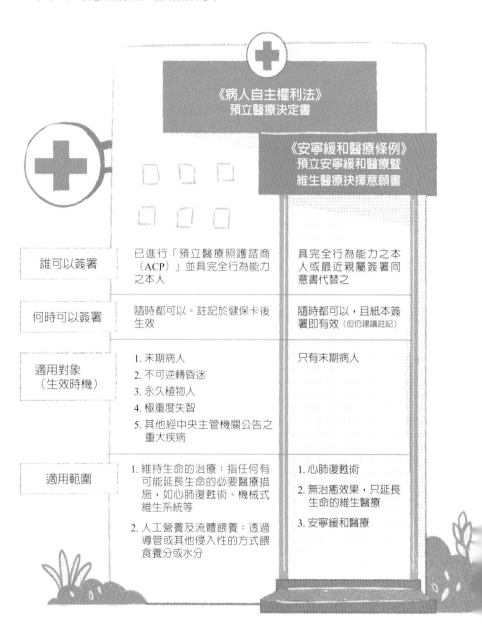

	《病人自主權利法》預立醫療決定書	《安寧緩和醫療條例》預立安寧緩和醫療暨維生醫療抉擇意願書
誰可以簽署	已進行「預立醫療照護諮商（ACP）」並具完全行為能力之本人	具完全行為能力之本人或最近親屬簽署同意書代替之
何時可以簽署	隨時都可以。註記於健保卡後生效	隨時都可以，且紙本簽署即有效（但仍建議註記）
適用對象（生效時機）	1. 末期病人 2. 不可逆轉昏迷 3. 永久植物人 4. 極重度失智 5. 其他經中央主管機關公告之重大疾病	只有末期病人
適用範圍	1. 維持生命的治療：指任何有可能延長生命的必要醫療措施，如心肺復甦術、機械式維生系統等 2. 人工營養及流體餵養：透過導管或其他侵入性的方式餵食養分或水分	1. 心肺復甦術 2. 無治癒效果，只延長生命的維生醫療 3. 安寧緩和醫療

4 決定留下的禮物：器官捐贈

雖然生命有盡頭，但愛可以長存。器官捐贈就是遺愛人間的一項決定。器官捐贈，是藉著將腦死或心死病人功能健全的器官或組織，無償捐贈給比對成功的病人，讓接收器官的人得以重獲新生。

■ 哪些器官可以捐？

眼角膜

心臟

肺臟

皮膚

肝臟

腎臟

胰臟

小腸

骨骼

可以自行決定要捐出哪些部位，不一定要全部捐出。

■ 器官捐贈執行方式

2017 年，衛福部發布「心臟停止死亡後器官捐贈作業參考指引」，將「腦死捐贈」及「心死捐贈」並列為器官捐贈來源。本指引適用符合《安寧緩和醫療條例》中的末期病人，其同意撤除維生醫療且願意器捐者，在心跳停止 5 分鐘後可施行無心跳器捐。

器官捐贈，成為家族的祝福

如果生前同意器官捐贈，去世後可以讓自己的配偶或三親等以內血親就某些器官有「優先獲得大愛」的機會。

了解 DNR 跟器官捐贈之後，老闆想跟大家說：「選擇沒有對錯，你已經做出當下的最好決定了。」

很多事情只有經歷過的人才會了解。意外失去孩子的家長，雖然心裡了解器捐可以幫助更多人，但他們也說不上為什麼，就是不想讓自己的孩子做器官捐贈。捨不得的情感，是他人難以體會的。

面對與病魔糾纏許久毫無起色的父親，兒子原先下定決心要簽署 DNR，讓爸爸好好走，但一看到父親的樣子，心裡卻突然湧現「不行，我還不能放手！」的念頭。在至親生命最後，面對各種醫療抉擇時，家屬心中往往輾轉反覆、難以抉擇。

這樣的故事有很多很多，沒有人知道正確解答，沒有人能夠因此而指責你「不孝」、做了「錯」的決定。如果你經歷了這些抉擇，請不要讓自責壓垮你，你已經做到當下能做的最好決定了。

5　行前說明會，教你怎麼做！

看完一系列的預立醫療決定流程，想必大家有些頭昏了，老闆貼心地為大家做了大統整，看完趙阿伯的行前手札後，我們的行前說明會就圓滿落幕啦！

趙阿伯 57 歲
身體健康
家庭幸福

時光飛逝，趙阿伯 75 歲的時

1 重症生病（符合 5 種
臨床條件之 1）
——**預立醫療決定書
啟動**

• 決定是否「維持生命
治療」與「人工營養
及流體餵養」

趙阿伯可以簽署：

預立醫療決定	《病人自主權利法》 ——預立醫療決定書
	是否接受 □ **維持生命治療** 　心肺復甦術、機械式維生系統、 　血液製品等 □ **人工營養及流體餵養** 　指透過導管或其他侵入性措施餵 　養食物與水分
	《安寧緩和醫療條例》 ——預立安寧緩和醫療暨維生 　醫療抉擇意願書
	是否接受 □ **DNR** 　拒絕瀕死時不必要的急救 □ **維生醫療** 　用以維持生命徵象及延長其瀕死 　過程的醫療措施
器官捐贈	□器官捐贈

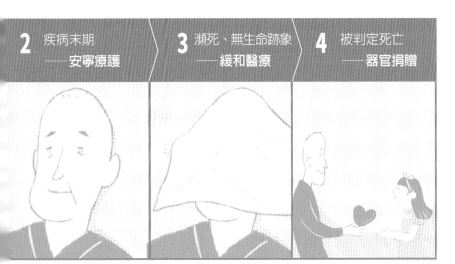

| **2** 疾病末期 ——**安寧療護** | **3** 瀕死、無生命跡象 ——**緩和醫療** | **4** 被判定死亡 ——**器官捐贈** |

• 若符合癌症末期、漸凍人與八大非癌疾病末期情況，可選擇安寧療護

• 若趙阿伯「拒絕」維持生命治療，醫師則應提供「緩和醫療」及其他適當照顧直至病患生命盡頭

DNR ≠ 不救病患

• 被判定腦死或因心肺不可逆的停止而死亡

只有當死去的人善終，活著的人才能善生。

善終有一部分取決於醫療相關、身後事的決策，事先決定好，可以讓親愛的家人能有更明確的依據。另一個部分是更重要的「溝通與尊重」，當親友主動談起相關話題時，請不要打斷他們，也不要覺得很觸霉頭。能夠善終的家庭，往往都是具有包容力和尊重的，讓逝者在生前有機會與家人充分溝通，完成「預立醫療決定」，讓最後的一哩路能走得順暢圓滿。

第 2 章

旅行的通關手續：
葬禮

唯有死去的人善終，活著的人才能善生。

旅行時，我們經由通關，從原先的國度去到不同地方。葬禮就像人生旅途的通關，對於死者來說，是如何來處理「軀體」；對生者來說，則是協助人們轉換心態，重新定義與亡者的關係，最終適應轉變後的生活。

我們的旅客也會用不同的方式來通關。在兒孫的誦經聲之中，爺爺平安順利地開始「一生一次」的旅行。他的家人們都虔誠地摺紙蓮花、念悲咒，相信能讓爺爺在另一個世界過得更好。

有時候通關也能幫助活著的人。曾經有位張小姐與我們分享，她原先認為辦葬禮很麻煩、不必要，後來在意外中痛失至親，才發現透過繁複的葬禮儀式，能夠因為忙碌而暫時忘記悲傷。

葬禮習俗除了能夠對逝去的人表達懷念，同時也是幫助在世的人接受逝者已經離開的事實，好好的與他告別。接下來將帶著大家了解不同文化的葬禮、各式環保葬以及殯葬自主的概念。

1　通關形式百百種

臺灣是個民族多元的社會。不同宗教會有不同的儀式。臺灣的原住民族也擁有獨特的喪葬文化。雖然通關形式都不太相同，但背後的意義都是希望能夠幫助死者與生者邁入下一個階段，就讓我們用有趣的圖表來作伙通關！

■ 靈魂搬家大全！臺灣民間喪葬流程

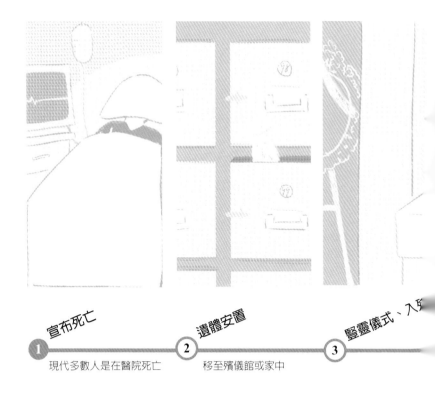

① 宣布死亡	② 遺體安置	③ 豎靈儀式、入死
現代多數人是在醫院死亡	移至殯儀館或家中	

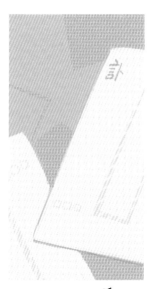

發出訃聞給親友

④

每天早上進行拜飯捧水，並豎立神主牌或暫時性
的紙製牌位供魂魄憑依。葬禮期間將遺體沐浴、
更衣，化妝後入棺，即是「入殮」。

奠禮（告別式）

⑤ 家屬親友向死者道別

出殯

⑥ 把亡者遺體歸葬

紀念

⑦ 現在多數人會將遺體火化，以骨灰罈存放在靈骨塔內，同時也會將亡者神主牌「安置」在祖先牌位之側祭祀。

■ 多彩又豐富！
臺灣葬儀文化面面觀

除了漢人常見的民間喪葬禮俗，臺灣也有為數眾多的基督徒，在西方宗教的影響下進行喪葬儀式。而長久生活在這片土地的原住民族，更是保有獨特的死亡觀與禮俗。不同信仰與族群的人，彼此交織出多彩豐富的葬儀文化。

基督徒

認為死亡是回歸天上，臨終前請牧師長老禱告。

○ 部分基督徒會設置放有鮮花、十字架、相片的靈堂。

○ 有些人會捧骨灰進教堂做追思禮拜。

○ 也有基督徒清明時會進行掃墓。

臺灣其他族群喪葬文化：原住民，以泰雅族為例

各族原住民有不同的死亡觀和祭儀，而「善死」與「惡死」在各部族都扮演重要的角色。

○ 善死：在親屬陪伴下死亡，善死者親人會在其斷氣的床下挖掘圓穴埋葬，並且舉行酒宴送亡者前往靈界。

○ 惡死：野外死亡、自殺、難產，會變成惡靈。通常會就地掩埋並請巫師驅逐。

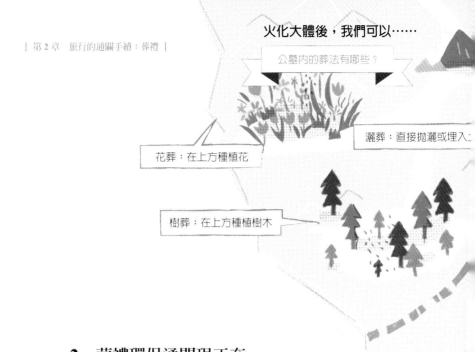

火化大體後，我們可以……

公墓內的葬法有哪些？

灑葬：直接拋灑或埋入⼟

花葬：在上方種植花

樹葬：在上方種植樹木

2　葬禮環保通關現正夯

了解完傳統的通關形式，現在要來跟上時代的潮流！現代人生活步調緊湊，加上環保意識抬頭，喪葬儀式有越來越簡化的趨勢，也有更多人選擇「環保自然葬」這樣的通關形式。

「環保自然葬」就是先以火化方式將遺骸燒成骨灰，不設立墓碑、墓塚，也不放進靈骨塔，而是讓骨灰回歸土地，永續循環在世界上。

■ 環保葬的 3 個為什麼

費用便宜	環保愛地球	減輕後代負擔
1. 不需骨灰罈，相比一般造墓、塔位便宜 2. 政府補助	1. 不耗費過量資源 2. 循環利用土地	1. 簡單 2. 祭祀彈性大 3. 簡化流程

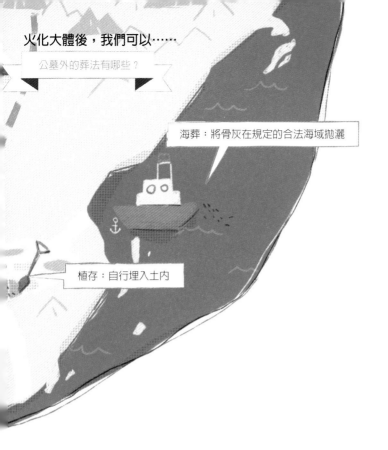

火化大體後，我們可以……

公墓外的葬法有哪些？

海葬：將骨灰在規定的合法海域拋灑

植存：自行埋入土內

3　原來可以當自己的海關：殯葬自主

前一章我們談到可以幫自己事先做好醫療決定。同理，我們也可以為自己的身後事先做好打算，這就是「殯葬自主」的概念！若在生前先跟親友溝通自己想要的葬禮、葬法形式，也可以免去許多不必要的爭吵。跟各位分享一個通關障礙的小故事：

王伯伯在生前好幾次想跟大兒子交代後事，希望可以火化海葬，讓家人們不必花太多精力祭拜、安葬他，結果大兒子認為觸霉頭，總是不聽他把話說完。

當王伯伯過世之後，大兒子雖然嘗試跟家人表示爸爸生前的意願，卻因沒辦法完整說明，導致大家都不相信他說的話，後來爸爸還是火化進了祖墳。大兒子心裡後悔沒有好好聽完爸爸的交代，也為沒有完成遺願感到很自責，最後他偷偷瞞著家人將骨灰取出來海葬……

從故事中可以看到，即使生前有交代，身後也不一定順利。殯葬自主最重要的關鍵，還是要與親友建立良好的溝通，這樣意願才能被好好地落實，讓死者放心去通關。現在趕緊來看看殯葬自主有哪些重點！

原來這就是殯葬自主！

什麼是殯葬自主？

亡者在世時可以自行選擇身後事辦理方式。

殯葬自主有什麼好處？

1. 可依個人意願先行規劃
2. 減少家人處理負擔
3. 避免意見糾紛

那麼，有什麼方式可以達成殯葬自主呢？

生前契約

在生前與一定規模之合法業者簽訂殯葬服務契約，並符合《殯葬管理條例》及其施行細則相關規定，即可在生前較為從容地預定自己想要的喪禮服務內容。

{ 老闆報你知！}

除了生前契約，我還能做什麼？

○ 生前告別式：在世時自行舉辦告別式與親友道別
○ 道謝：向親友表達一生中的感謝
○ 道愛：即時向親朋好友表達你的愛
○ 道歉：即時道歉以化解雙方遺憾
○ 道別：趁在世時好好與親友告別

4 請讓我擁有為你送行的權利

俗話說：「臺灣最美的風景是人」，處處為他人著想是臺灣人的美德之一，但有時這樣的好意卻會造成遺憾。

身為大學生的小葉跟君君就有類似的經歷。小葉是爺爺帶大的，兩人感情深厚，當一接到爺爺往生的消息時，他就趕往醫院，希望最後能再看看爺爺，家人因顧慮小葉的學業，告訴他不必特地趕回家。喪父的君君詢問媽媽是否能夠幫忙後事時，也遭到拒絕。她表示，「被拒絕的當下頓時覺得很無力，我都 20 歲了，竟然什麼忙都幫不上。」

「大人們」常常出於體貼的心意，考量到年輕人或孩子們課業、生活繁忙，將他們排除在後事處理之外，反而造成他們更深的遺憾。

此外，某些葬禮習俗會讓親友無法適時表達對過世者的慰問，甚至隱含歧視的意味，例如「訃聞排名順序男前女後」、「出嫁的女兒不得祭拜娘家祖墳」等。然而，在規範與習俗之前，心意更為重要。親人之間好好溝通協調，可以免去一些不必要、過時的習俗，用最自然、誠摯的狀態為亡者好好送行。

■ 舊習 vs 新知

哭路頭：
在外地的兒女回家奔喪時，
以跪爬方式進屋哭嚎跪拜

為親人送行，最重要的是一顆真摯的心，無論是否進行習俗皆應給予尊重。

女性不得作為主祭、
訃聞排名男前女後、
嫁出女性不得祭拜宗祠

現今社會提倡男女平等，每個人都是家庭的一分子，應該能夠一同為亡者送行。

現今喪葬業者多能事先溝通是否進行特定習俗，事先與家人溝通確認，除了讓亡者能夠好好走一程，也能讓活著的人好好為他送行。

第 3 章

一起收拾情緒行李：
處理失落

既然眼淚是珍珠，那就放心
哭吧。

「爺爺去世之後，我覺得整個世界都好虛幻，不知道一切是真的
還是假的。」

「我其實一開始是有點麻木的，一直到喪禮結束後，整個情緒才
突然湧上來。」

「我好生氣，那麼好的一個人，怎麼就這樣走了？」

這些都是可能會產生的心情。在旅行社的這些日子，我看過無數
個家庭的分離，當珍愛的親友踏上最後的旅程，被留下的人也在
進行與失落相處的另一種長途旅行。可能需要花好長一段時間才
能坦然地說再見，找到新的生活方向。我們需要認知自己的失落，
才能更好地向前走。

1　放下情緒行李：喪親失落

失落好像一個重重的行李箱，裡面滿載著我們的不捨、悲傷，甚至是憤怒等各種情緒。路途上必須帶著它好好地走過，學習整理情緒跟放下。從認識失落開始，開啟跟自己內在對話的可能。

■ 失落 ing，身為家屬可能會有的反應

生理反應		
一般可能反應 會在一段時間後消退，但持續過久需要就醫	○ 胸悶 ○ 對聲音敏感 ○ 喉嚨緊迫 ○ 人格解組：覺得每件事都不真實，連自己也是虛假的	○ 胃部空虛 ○ 呼吸急促 ○ 口乾舌燥
強烈反應 建議尋求專業協助	○ 表現出去世親人曾有的生理現象	

情緒反應

一般可能反應 會在一段時間後消退， 但持續過久需要就醫	○ 此時有多種複雜情感是正常的！ 自責、罪惡感、孤獨、解脫、生氣、哀傷、遺憾、 震驚、麻木……
▶ 強烈反應 建議尋求專業協助	○ 長期處在無助、憤怒或罪惡感中，喪失自 尊心 ○ 仍因為生活中的小事感到強烈悲傷 ○ 過了很長一段時間，仍然在特定節日、紀 念日感受到強烈悲傷

認知反應

一般可能反應 會在一段時間後消退， 但持續過久需要就醫	○ 思緒混亂 ○ 不相信 ○ 出現短暫幻覺 ○ 認為逝者還在
▶ 強烈反應 建議尋求專業協助	○ 對疾病和死亡感到畏懼 ○ 覺得生命空虛，甚至想自殺 ○ 過了很長一段時間，仍無法接受親友去世

行為反應

一般可能反應 會在一段時間後消退， 但持續過久需要就醫	○ 失眠 ○ 夢見逝者 ○ 珍藏遺物 ○ 拒絕社交 ○ 拒絕談到逝者 ○ 飲食障礙（厭食／暴飲暴食）
▶ 強烈反應 建議尋求專業協助	○ 痛苦地夢見或回想起親友在世種種 ○ 長期失眠 ○ 難以相信他人、變得疏離 ○ 過了很長一段時間，仍抗拒搬動、處理遺物

2　認識各種類型的情緒行李

前面提到每個人面對失落所產生的情緒跟狀態都有所不同，不同年齡也會有不同的反應。我們來看看陳家人面對陳阿嬤的離世，會有怎麼樣的情緒。

> 大家都以為我不懂阿嬤死掉了，
> 但其實我都知道⋯⋯
>
> ── 陳小妹 6 歲

很多人覺得孩子年紀小、不太懂事，刻意保護不讓他們知道，但孩子是敏感的，忽略與迴避反而會造成問題。

> 阿嬤死了，大家都一直問，煩死了！
> 阿嬤也好煩，幹嘛死掉⋯⋯
>
> ── 陳大哥 15 歲

青少年遭遇喪親事件時，常用壓抑或逃避的態度面對，甚至造成攻擊、離家、好辯、指責逝去親人等行為。

到底要怎麼跟陳小妹講說奶奶去世了
呢？唉，而且習俗說小孩參加喪禮會被
煞到。我也不知道要怎麼安慰老公。

—— 陳媽媽 43 歲

媽過世了……
我是長子必須要振作起來，家裡
還有小孩，不能讓他們看到爸爸
脆弱的一面。

—— 陳爸爸 45 歲

媽媽為這個家付出這麼多，卻不
能在祖祠上留下自己的姓名。
出殯那一天，就因為我是女兒，
所以我不能拿媽媽的神主牌……

—— 陳姑姑 43 歲

成人因為身心已獨立，因此親人過世的悲傷易受忽略。受性別與文化的
影響，男性常被教導要壓抑情緒、不向人求助並維持「堅強」的一面。
女性則經常受到文化禁忌的制約與規範。

> 老伴去了，最近身體狀況也不好，
>
> 感覺活著沒什麼意思……

—— 陳阿公 73 歲

雖然大家認為長者處理死亡較為成熟，但他們仍會經歷痛苦，甚至影響身心健康、免疫功能下降，或失去生存目標。

■ 孩子其實懂死亡

「他們還小，不懂啦！」、「知道這個要幹嘛？很不吉利欸！」

遇到死亡事件的場合時，大人們有時不願意「開誠布公」地跟孩子解釋。遇到路上有人辦喪事時，也會常常刻意引導不讓孩子看，擔心小孩會因此「沖」到。

這些習俗迷信，雖然存著護佑孩童的心意，但也常常因為沒有好好說明，小孩子因此對死亡產生莫名的焦慮或恐懼。

但是，真的是孩子年紀太小不懂嗎？還是大人自己也很害怕死亡？不管是大人或是孩子，都能一起討論這樣的話題，也許心中的害怕、恐懼就能因此減少一點。

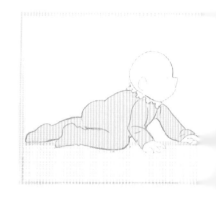

■ 不同年齡層的孩子對死亡有不同的認知

3 歲以前　雖然還無法理解死亡，但可以從大人的哀傷反應感受到分離與被遺棄。

3-5 歲兒童　會受父母的悲傷影響，對死亡有不切實際的想法，認為逝者可以再回來，對此感到無助。可能會有難入眠、做惡夢等反應。

6-8 歲兒童　對死亡已有實際概念，可能將死亡擬人化，並相信自己對死亡有責任。可能出現的身心狀況包括難入眠、不易專心、恐懼其他家人發生危險等。

9-11 歲兒童　想要得到相關資訊以確實了解死亡，他們會避免自己或其他人的強烈情緒，將注意投注在日常生活中。

■ 跟孩子談死亡的時機

｛老闆愛看書！｝

我最喜歡看書了，

這邊老闆要推薦幾本可以跟孩子一起看的故事書

我想要了解死亡	**《獨自去旅行》** 作者：阿爾敏‧伯以修爾 出版社：大穎文化 （2008） 兔子即將踏上一段新的旅程，留下的朋友都好傷心……。故事中將死亡比喻成只能獨自前往的旅程，教導孩子如何面對死亡所帶來的分離與悲傷。
我的寵物死掉了	**《毛弟，再見了》** 作者：蘿比‧哈 出版社：悅讀文化（2004） 男孩心愛的寵物鼠毛弟死掉了，爸爸媽媽引導他去認識死亡。故事中父母的教學詳盡易懂，是一本很適合爸爸媽媽了解如何教導小孩生死議題的溫馨繪本。
我的親人去世了	**《小傷疤》** 作者：夏洛特‧孟莉克 出版社：聯經出版公司（2013） 失去媽媽的小男孩不願意治好膝蓋上的小傷疤，因為以前媽媽在他受傷時都會安慰他，如果傷好了，媽媽好像就真的不見了。書中詳盡地描寫失親孩子的心境，將憤怒與無助刻劃地很動人。

葬禮是什麼	《世界上最棒的葬禮》
	作者：烏爾夫・尼爾森
	出版社：小天下（2010）
	三個孩子從野蜂的死亡開始，開創了以玩樂性質的葬禮事業，最後逐漸對死掉的動物產生同理與哀悼之情。書中插畫優美可愛，從儀式的方面切入，孩子可以與主角們一起了解儀式背後的內涵。
死掉之後會發生什麼事	《爺爺的天堂筆記本》
	作者：吉竹伸介
	出版社：三采（2017）
	小男孩在爺爺過世後撿到爺爺的「天堂筆記本」，他開始思考自己死後的生活會是如何。這是一本充滿想像力和趣味的童書，讓死亡不再可怕！對於許多大人來說也相當治癒。

■ 死亡的四大概念

跟孩子談死亡的時候有四項重要的概念：**喪失機能**、**無法預測**、
普遍性、**不可逆性**。

了解之後，可以利用下表的說法告訴孩子並協助他們建立比較成
熟的死亡觀。

喪失機能

身體的器官都不工作了。

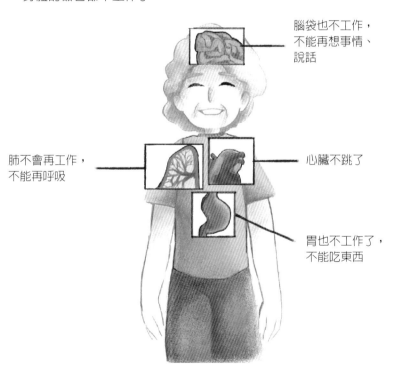

腦袋也不工作，
不能再想事情、
說話

肺不會再工作，
不能再呼吸

心臟不跳了

胃也不工作了，
不能吃東西

無法預測

沒有人知道自己會在什麼時候，因為什麼原因而死掉。

陳阿嬤，73 歲，
生病去世。

阿華，17 歲，出
遊溺水去世。

小明，5 歲，
交通意外去世。

詩人杜甫，59 歲，
吃太飽撐死。

普遍性

只要有生命，就會有死亡。

○ 人類：臺灣（2018）
　　　　平均壽命 80.4 歲
○ 貓、狗
○ 植物
○ 昆蟲
○ 想一想，還有什麼呢？

可以試著查看看不同生命
的壽命長度！

不可逆性

死掉就不會再活過來，
也見不到了。

以前都跟阿嬤一起吃飯，
她都會煮好吃的飯菜給我吃，
現在都沒有了⋯⋯

■ 死亡沒那麼可怕

陳小妹跟家人分享心情之後，她發現死亡也有不同的一面，好像沒有想像中那麼可怕跟討厭。

雖然阿嬤死掉讓我很難過，可是她原本因為生病很難受，媽媽說阿嬤死掉就不會感受到身體不舒服了。這樣一想，就覺得死掉可能也沒那麼糟糕。我知道阿嬤再也沒有辦法活過來，但是她在我心中的樣子是最好、最健康的。

因為不知道哪一天會死掉，所以每一天我都要過得很充實、做很多想要完成的事，才不會浪費寶貴的生命！我也會常常跟家人和朋友說，「謝謝」、「對不起」，還有跟他們說我有多愛他們。貓咪、小狗各種動物們跟我們一樣有生命、都有感覺，我會好好跟牠們相處，不會因為覺得好玩或有趣就欺負牠們。

我有時會看我們的照片想念阿嬤，謝謝她以前對我這麼好。爸爸媽媽說，我可以寫信或是畫畫給阿嬤，他們會幫我燒掉，這樣她就會收到我寫的東西了。

———— 陳小妹 6 歲

3　情緒行李打包術：自我調適篇

在遭遇到親友離世時，身為家屬的內心是很雜亂的。有很多時候，有一些話與心情說不出口，想要隱藏自己的悲傷、無力。有更多時候，我們覺得別人不會理解自己的情況。這時候就很需要了解自我的情緒，並試著調適。

陳家因為陳阿嬤的去世，陷入了悲傷中。也許看完陳家人的故事，你會有一些新的想法。

■ 自我調適指南：情緒篇

1. 不要抑制悲傷，想哭就好好哭吧！

陳爸爸作為主要處理後事的兒子，要打起精神面對一切，也不希望把自己的脆弱給孩子們看到，常常在夜晚默默地哭泣流淚。

受到性別刻板印象的束縛，成年男性在發洩悲傷上更為內斂。從事醫療、護理相關人員、禮儀師等與生命相關的職業，也比一般人更難開口去發洩自己的喪親悲傷，好像悲傷的權利被剝奪一樣。

試著找親近的人，與他分享自己的情感。允許自己每天有一段能夠盡情難過、哭泣的時間。

2. 傾聽自己內心的聲音

陳爸爸雖然內心很哀痛，但是沒有辦法與其他人傾訴自己的悲傷，其他家人也不知道該如何安慰他。他開始大量閱讀生命議題相關的書籍，希望可以找到答案，他想知道死亡是怎樣一回事，想要停止這種動不動就流淚的衝動。

———————∧———————

經歷重要親友去世後，有些人會希望能夠進一步了解生命跟死亡。而有些人會因為突然湧現的情緒感到很煩躁、恐懼，覺得「我是不是有病」、「我根本沒有辦法專心」。

這時候進行自我情緒的探索與理解就變得很重要。可以用任何方式記下自己的感覺，寫日記、寫詩、畫圖，甚至零散地紀錄在手機備忘錄、錄音等。

3. 試著原諒自己

陳爸爸心中有道過不去的檻，母親因為感冒併發症入院，後期症狀嚴重到需要進加護病房，病情一再反反覆覆，最終家人決定放陳阿嬤好好離開，簽署了 DNR。

可是心裡總有一個聲音在困擾他，「如果再急救看看，媽媽會不會還會有機會？」他也經常埋怨自己，「如果之前我能多陪陪媽媽就好了。」

———————∧———————

在很多時候，家屬都會對於至親的去世抱有罪惡感及懊悔。面臨醫療抉擇的家屬，一面希望自己的家人能夠被治好，另一面又不想要看到他痛苦，在這樣的選擇中反覆糾結，其實不管做出什麼決定都沒有正確的答案，你已經做到當下你所能做的了。

4. 找到說服自己的理由

陳爸爸某天跟朋友聊天，發現兩人都有失去至親的人生經驗。朋友說，他相信自己的媽媽是回到佛祖的懷抱，會在天上無病無痛、過得很好。

他也告訴陳爸爸說他們家已經盡力了，在最後一段路程，大家能一起陪伴陳阿嬤，她一定是在祝福跟溫暖之下離開的。陳爸爸在心裡告訴自己：「媽，我們以後一定會在天上相見。我會把家人照顧好，讓您沒有牽掛。」

失落就是在與內心的「捨不得」對抗。那麼愛的人就這樣從生命中消失，彷彿生活就此斷裂。即使捨不得卻依然要面對，這時候如果能有個內心深信的理由，會讓自己比較能夠接受喪親的事實。

有的人會與死者的宗教做連結，相信他會受到神明的庇佑；有的人會告訴自己，「他已經完成他生命中的課題」，或是想著「死亡讓他無病、無痛，不必再受苦」。找到一個說服自己的理由，讓信念支撐你去接受事實。

■ 自我調適指南：行動篇

兄妹倆從小是阿公跟阿嬤帶大的。在面對阿嬤的去世，陳大哥感到很衝擊、無法接受。

1. 傾訴讓悲傷找到出口

陳大哥在課堂上想哭的時候，他就強迫自己忍著，或是就無聲地掉淚。下課的時候他會跑出去自己一個人待著。

他並不想讓別人知道自己有多麼難過，也不想讓別人知道他其實很想阿嬤。老師知道他的狀況，有時候放學會叫他去辦公室聊聊。

當深陷在失落中，有個傾聽的對象會是一個很好的抒發管道。如果身邊沒有可以分享的對象，可以試著找找心理諮商師。有的人因為不想麻煩朋友，也會使用匿名交友軟體，或是社群平台對陌生人傾訴自己的故事，隔著網路讓他們有種安全感。

2. 分散注意力

在學校的時候，陳大哥常常因為生活中小小的事情，就突然地流淚、想哭。

看到同學帶便當，就想到阿嬤每天晚餐都會喊他和妹妹去吃飯，也會先把飯菜夾起來當明天午餐的便當，但現在都沒有了！他想如果自己努力讀書、準備會考，是不是就不會那麼容易想哭？

———— ⌃ ————

讓自己生活充實、忙碌起來，可以分散注意力，有助於適應沒有逝者的生活。學業、事業都是可以投注精力的對象。運動也是可以嘗試的方案，運動的同時會產生腦內啡、多巴胺，可以改善情緒。

準備建立新生活的同時，也給自己一些調整的餘裕，在短期內不要做出重大的決定。

3. 建立跟亡者的連結

陳大哥剪了一支影片，有關於家人跟阿嬤之間的回憶，他發現自己還想要知道更多阿嬤的事情，只是再也沒機會了。

在告別式上播放影片的時候，大家都看到哭了。之後，他寫了一封長長的信，把那些來不及跟阿嬤說的話告訴她，他要跟阿嬤說他很好，以後也會好好讀書，讓阿嬤不要擔心。只要把信燒給阿嬤，這樣她應該就會收到吧？

為彌補自己與逝者在世時的遺憾，要試著建立與亡者的連結來撫平傷痛。

有的連結建立在某些「協助亡者」的儀式，唸經、摺蓮花似乎都可以讓亡者在另一個世界過得更好。有的連結建立在亡者生前的願望，好比帶著亡者的象徵物去旅遊，好像彼此一起經歷了這些旅程。有的連結則是在與亡者溝通，寫信、燒獎狀給亡者，雖然他已離去，卻能與你分享喜悅與心情。

去到有象徵意義的地點，也是建立連結的方式，像是有的人會特地到高山上懷念逝者，因為他相信那裡是離天空最近、也是離亡者最近的地方。

{ 老闆報你知！}

孩子其實懂死亡

跟孩子談死亡的時機：

○ 生命中的親人
○ 電影、卡通
○ 自然景物
○ 繪本共讀

死亡的四大概念：

○ **喪失機能：**
　身體的器官都不工作了。

○ **無法預測：**
　沒有人知道自己會在什麼時候，因為什麼原因而死掉。

○ **普遍性：**
　只要有生命，就會有死亡。

○ **不可逆性：**
　死掉就不會再活過來，也見不到了。

｛老闆報你知！｝
失落調適方法大公開

情緒篇：

1. 不要抑制悲傷，想哭就好好哭吧！
2. 傾聽自己內心的聲音
3. 試著原諒自己
4. 找到說服自己的理由

行動篇：

1. 分散注意力
2. 傾訴讓悲傷找到出口
3. 建立跟亡者的連結

4　拾起別人的情緒行李：協助篇

■ 悲傷者：那些尷尬的安慰都給我 out ！

「我的朋友都知道我家人去世了，但是他們可能很怕尷尬吧，都假裝這件事沒有發生。其實我有一點難過。」

當親友去世後，感覺週遭凝結起一種不同的氛圍，有的人看你的眼神彷彿你是一個易碎品，他不敢、甚至害怕接近你。又或者你雖然知道「他沒有惡意」，他說出來的話卻讓人感到憤怒、抓狂。有些人則是自認很有經驗，想要對你的情況進行指點。

面對這些讓人尷尬的場合，我們可以這樣想：

NG!　**對親人過世的家屬說：**

「你們應該把他的東西收一收。」

───── 強加自己的指導

· NG! · **對痛失父親的同學說：**

「我之前失戀也很難過。」

—— 錯誤類比

· NG! · **對失去兒子的父母說：**

「別難過！別哭了！」

—— 限制你的情緒抒發

· NG! · **對喪親的任何人說：**

「你們還有其他小孩。」

—— 否定死者重要性

聽到難以接受或莫名其妙的安慰與評論時，當下通常會感到很錯愕，甚至覺得很生氣，想要對這些人大喊「你們懂什麼啊！」但往往顧及人情壓力，或是無法反應，只能內心消化這些憤怒，這時候試著對自己說：

---

1. 他的表達能力有問題：

雖然多數人都希望傳達善意和支持，但是他們就是無法好好表達。

2. 他就是不懂你的悲傷：

多數人會說出傷人的安慰，很大一部分出於無法同理或理解狀況的複雜。

---

3. 無法反應不是你的錯：

聽到這些傷人的話，當下無法回應是非常正常的。試著原諒這些說話不好聽、無法同理的人，原諒他們就是放過自己。

4. 別人的建議未必是好建議：

有些人自認為很有經驗，但每人處理失落的方式都不同。請相信自己的直覺，對別人有用的，未必對你有效，不用完全採納別人的做法。

■ 安慰者：我知道怎麼守護你

更多時候，我們是希望給予支持的一方。當遇到喪親的親友常常會不知所措，很擔心自己不恰當的安慰會讓他們更難過。但其實最好的安慰就是靜靜地傾聽與陪伴。看看下面的幾個小例子，你會發現無聲的陪伴往往是最有用、最大的溫柔。

在當事人很悲傷很悲傷的時候：

● 靜靜地跟他處在同一個空間，可以適時給他遞面紙，或是一個擁抱。

看看實際案例：

「當時我突然在宿舍裡大哭，其他人都不知道我發生什麼事，可是他們就這樣站著陪我半個小時。有個室友會過來抱抱我，幫我擦眼淚，我覺得好溫暖。」

● 當他需要傾訴時，不要多做評論，讓他可以完整、好好地表達與抒發。

看看實際案例：

「我有個很感謝的朋友，當時我沒有辦法做任何事情，心情很雜亂。可是我只要打電話給他，他都會接。就算我講的話都零零散散的，他也會靜靜地聽我講，有時候會主動來關心我。」

- 幫助他維持日常生活的規律性。像幫忙準備午餐、提醒他去休息等等。

> 看看實際案例：
>
> 「在接到（親人過世）電話的當下，我整個人癱在那邊，眼淚也一直流下來，我的朋友就默默地幫我收拾行李，陪我去車站搭車。」

過了一段時間後，如果當事人主動談起：

- 彼此分享一些正向的事情或回憶。

> 看看實際案例：
>
> 「我記得伯伯以前最喜歡泡茶、打牌了，現在他跟朋友們又能夠再相聚了。」
>
> 「家裡照顧媽媽的看護說，她夢到媽媽託夢跟她說謝謝，我們那時候都很吃醋，因為她沒有給我們託夢。」

- 如果有共同的生命經驗，可以互相討論彼此的看法。例如：過去也曾痛失至親。

> 看看實際案例：
>
> 「我的爸爸也是因為生病過世，我都告訴自己說『我們以後會在天上再相見』，我相信我們會再相遇，這樣想讓我比較好過，希望對你有幫助。」

{ 老闆報你知！}

不要因為害怕尷尬，而跟當事人疏遠。

「親近的朋友失去至親很難過，我想要表達我的安慰或協助。我可以怎麼做呢？」

其實多數人在這個時候都是渴望陪伴的，但是一時之間情緒太混雜，無法反應過來。如果是非常親近的親友，請一定要給予當事人支持與陪伴。

● 不要因為太害怕冒犯，而沒有任何慰問、關懷的舉動。

只要好好表示你的慰問，當事人會感受到的。如：「我理解你的哀傷、痛苦，如果有需要什麼協助的話，我都在。」

● 不要說沒有同理當事人的話語。如：「我姊跟你姊長得很像。」、「之前公司有人過世了，我也覺得很難過。」

如果害怕說錯話，就以行動來表示，不用勉強自己一定要說話。

● 不要在當事人需要抒發情緒時打斷他、發表自己的意見。

理解每個人都有適合自己的悲傷舒緩方式。

第 4 章

人生備忘錄：
遺囑

道謝、道歉、道愛、道別

呼！講了這麼多，想必你對於死亡已經有初步的認識與了解，這時候很適合來寫下遺囑，將所有牽掛、不捨包裹於其中。

遺憾往往來自於沒有表達、沒有好好溝通。遺囑就像是人生的備忘錄，也是法律保障的最後一道底線。遺囑中，你可以將重要的事物託付給重要的人，告訴他們你的醫療決定、後事，讓他們不必太過煩憂，還有說不出口的話語，都可以寫進遺囑當中。

1　各種遺囑場合比較

來了解一下各種遺囑適用的場合及比較吧！

● 方便指數：
遺囑所需條件較容易達成

● 有效指數：
不容易因為遺囑所需條件缺漏而失效

🔨 **公證遺囑**

經過公證，最普通、有效。

――――――――――――

方便指數：★★★
有效指數：★★★★★

✉ **密封遺囑**

可以自己寫或請人代寫，密封後公證。具高保密性與效力，但因開啟方式繁複較少人使用。

――――――――――――

方便指數：★★★
有效指數：代筆人、自身若為法律相關專業，則有效指數高

 自書遺囑

當自己能夠看懂文字，並書寫文字。

方便指數：★★★★★
有效指數：★★

 代筆遺囑

不識字、不會寫字或是無法寫字，但是能夠清楚表達自己意思的人，可採用代筆遺囑。

＊此遺囑無資格限制，一般民眾也可委任相關專業者，如律師、公證人等協助進行代筆遺囑。

方便指數：★★★
有效指數：代筆人若為法律相關專業，則有效指數高

口授遺囑

當立遺囑的人生命危急或不能使用其他遺囑方式時，可以用口授遺囑。但效力經常被推翻，盡量不要使用這種遺囑方式。

方便指數：★★★★
有效指數：★

2　關於遺囑，可能會有的疑惑

有辦法讓某個法定繼承人無法繼承遺產嗎？

雖然可透過遺囑等方式減少法定繼承人分得的財產，但為避免法定繼承人在家人過世後生活無依，因此法律保障法定繼承人有權獲得一定比例的遺產。

除非法定繼承人們自行決定拋棄繼承，或有子女惡意不扶養父母、重大虐待、侮辱等情況，且以遺囑、錄音、書面等方式舉證，繼承人才會喪失繼承權。

密封遺囑跟公證遺囑有什麼不同？

	密封遺囑	公證遺囑
執行方法	**先密封，再公證** 由自己或他人代寫完成後密封（遺囑內以及密封處需親自簽名），再與見證人一同前往公證處進行辦理。	攜帶規定資料，與兩位見證人直接到法院公證處辦理。
優點	擁有最高保密性，不到拆封不會有人知道遺囑內容，且經過公證具有一定效力。	經過公證有一定效力。
缺點	開啟遺囑時要在「親屬會議」或是「法院公證處」進行，比較麻煩。	沒有遺囑開啟的限制。

3　我的遺囑確認表

我想要寫一份自己的遺囑，裡面可以涵蓋哪些內容呢？

立遺囑人 ＿＿＿＿＿＿＿＿

民國 ＿＿ 年 ＿＿ 月 ＿＿ 日生，身分證字號 ＿＿＿＿＿＿＿＿＿＿

本人依法訂立本遺囑，各繼承人均應遵守，內容如下：

一、醫療決定的預立

最後一程，我可以選擇舒適體面地離開。

我　　□要 □不要　安寧療護

我　　□要 □不要　瀕死急救

我　　□要 □不要　捐贈大體

我　　□要 □不要　捐贈器官

二、財產的分配

我要把我的＿＿＿＿＿＿ex. 房子、土地＿＿＿　給＿＿＿＿＿＿＿＿

我要把我的＿＿＿＿＿＿＿ex. 車子＿＿＿＿　給＿＿＿＿＿＿＿＿

我要把我的＿＿＿＿＿＿＿＿＿＿＿＿　給＿＿＿＿＿＿＿＿

三、告別式的做法

宗教儀式：

□臺灣民間信仰　　□佛教　　　□道教　　□基督教　　□天主教
□伊斯蘭教　　　　□ ＿＿＿＿＿＿＿＿＿＿＿

告別儀式的做法（可複選）：

□家奠　　　　　□公奠　　　　　□播放回憶錄　　　　□瞻仰遺容

埋葬方式：

□土葬　　□樹葬　　□海葬　　□火化進塔　　□植存　　□ ＿＿＿＿＿＿

喪禮邀請對象（可複選）：

□親人　□朋友　□同事　□同學　□宗教教友　　□ ＿＿＿＿＿＿

四、指定遺囑執行人

本人指定 ＿＿＿＿＿＿＿＿＿ 為遺囑執行人

> 遺囑執行人是在遺囑生效後，實行遺囑內容之各種事項的人。
> 因為需處理相關法律或稅務事務，許多人會指定律師、會計師來擔任遺囑執行人。

五、重要的內心話

再見：再見了！親愛的 ＿＿＿＿＿＿＿＿＿ ！

謝謝：謝謝你，讓我的生命更美好。

對不起：對不起，如果我當時 ＿＿＿＿＿＿＿＿＿ 就好了。

我愛你：我愛你，希望你不要太為我悲傷。

立遺囑人：

民國 ＿＿＿ 年 ＿＿＿＿ 月 ＿＿＿ 日

第 5 章

一生一次：
旅遊Q&A

1　行前說明篇

Q1：環保葬要如何紀念家屬？有哪些追思方式呢？

1. 家中若有神主壇或牌位，可在年節、重要節日準備祭品來祭拜祖先。

2. 若參與縣市政府所舉辦的聯合海葬，在清明前後可參加由縣市所舉辦聯合追思會。

3. 參與樹葬的情況，可以準備鮮花至園區內默禱、進行追思（園區不可焚香、燒金紙）。使用海葬者也可至海邊遙祭，心靈追思。

4. 舉行家族追思會。

5. 現在也推出線上追思，以網路奠祭的形式來緬懷親友。

總而言之，心意有到最重要。可以用替代亡者的紀念物來進行緬懷，或到對亡者具有重要意義的場所進行祭拜。

Q2：如果想要舉辦環保葬，我能找誰去詢問、申請這些資訊？

除了殯葬業者外，也有許多縣市政府在推行環保葬，可以大大降低治喪的費用。若往生者非該縣市居民，家屬只要備齊相關文件，也可以跨縣市申請喔！

依據不同葬法也會需要準備不同的資料，大致需要準備：死亡證明書／火化證明、申請人身分證明等等。

掃掃 QR code，看看有哪些縣市可以申請吧！

Q3：現在國際間醫療趨勢是什麼？

你知道臺灣在 2015 年全球臨終病人死亡品質評比中在亞太地區排名第三、全球總排名第六嗎？同年，臺灣的安寧涵蓋率也已超過五成，來到全球涵蓋率的 14 名！

2019 年初開始實施的《病人自主權利法》與先前的《安寧緩和醫療條例》兩者目前並行，若先前已簽署「安寧緩和醫療暨維生醫療抉擇意願書」，仍然有效。只是《病主法》對病人自主權的保障更加完整，且病人依據病主法所享有的特殊「拒絕醫療權」，跟安寧條例相比，不僅適用對象擴大，能夠拒絕的醫療範圍也更廣。

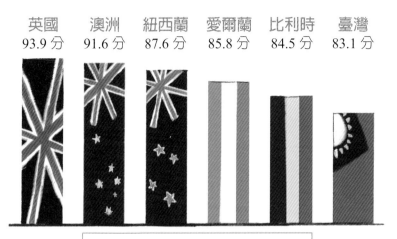

資料來源：英國經濟學人智庫（Economist Intelligence Unit）／ 2015 年死亡品質評
比 (p.16.17: fig.1.2 fig1.3)

除了簽署相關預立醫療決定文件外，也可以下載衛保署推動
的「健康存摺」，就能查詢「器捐或安寧緩和醫療意願」的
註記情況，以及近三年在各大門診、牙醫、中西醫等就醫紀
錄喔！

2　情緒行李篇

Q1：如何協助經歷喪親失落的青少年？

step 1　建立信賴關係

1. 採用短暫而頻繁的交流方式，並維持一致的主動關心與陪伴。

2. 表達同理心，也可以適當讚賞他們所表現出來的堅強。

3. 盡量透過青少年使用的語言來對話。

step 2　協助抒發內心情緒

1. 讓他們知道傷心及憤怒是很正常的。

2. 鼓勵用言語、書寫、運動等行為代替偏差行為來發洩情緒。

3. 主要協助的方面可分為：生理、社會、心理或信念，優先處理較急迫，或對他們生活影響較大的問題。

Q2：如何幫助年長者度過喪親失落？

雖然一般人認為長輩對死亡處理方式較為成熟，我們也常常會忽略長輩的失落，但他們仍舊會有痛苦與哀傷的情緒，藉由以下方式的關心與陪伴，讓長輩有機會調適自己的情緒。

參與團體活動

鼓勵長輩參與悲傷團體或是聯誼活動，協助他早日走出悲傷。

主動的陪伴

家人主動的支持、陪伴都會成為長者心靈上的安慰與支柱。

不同形式的協助

由於傳統家庭分工模式的影響，男性喪偶者普遍需要生活自理、人際溝通的協助（可以循序漸進從簡單家務開始，培養其生活自理能力），女性喪偶者則可能在粗重的家務、經濟方面需要協助。

Q3：失落歷程會不會有共通的特點或狀況？

目前解釋喪親失落的理論主要有兩大種類型。一種是根據時間發展會進入不同的階段，最後適應沒有亡者的生活。

線性復原

震驚麻木期

持續數小時～數週
會有麻木、否認、無法接受的反應。

急性悲傷期

持續數週～數月
會有悲傷、失落的反應，重新思考與逝者的關係。

復原重組期

持續數月，近八成人可自癒
適應沒有逝者的生活，轉移生活重心。

另一種則是像鐘擺一樣在失落跟復原之間互相擺盪，直到最後重建生活。

悲傷的狀態與復原的過程，並非只會變得「愈來愈好」，有時喪親者的狀態會在情感主導的失落情緒、以及理智主導的復原狀態之間來回擺盪（而有時則處在並非失落或復原，而是休息、停滯的狀態）。時好時壞的情緒變化又稱為「雙軌歷程」模式，就像鐘擺一樣，情緒從一開始的大幅度地擺動漸漸慢下來，回到原本的生活狀態。

雙軌歷程

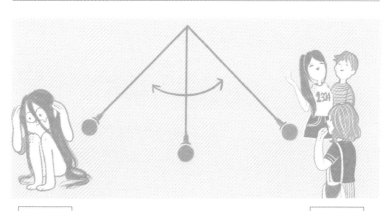

失落期　　　　　　　　　　　　　　　　復原期

﹛老闆報你知！﹜
在處理自己的悲傷時，我還能怎麼做？

每個人在失去親人後的反應都不太一樣，失落持續的時間也不同，尤其當特別親近、信賴的人，發生不可預測的意外或經歷痛苦而死亡時，更會感受到強烈的失落與悲傷，需要好好療傷，但也有人調適得很順利，很快可以正常過生活。

當過於強烈的悲傷反應持續超過半年以上且嚴重影響生活、人際關係時，一定要尋求專業人士的幫忙，例如：心理諮商師、身心科醫師。

後記
Epilogue

簡文怡

回想當初，覺得我們能夠完成這個題目的畢業製作，滿了不起的。

在目前的生命中並沒有經歷太多的分離，好像一直用很遙遠的態度觀望死亡，雖然心中了解「死亡」是人生必經之路，但平時也不會有機會去談起、去接近。這時候才發現「或許大家都像我們一樣迷惘」。

我們看了好多好多書，拜訪了致力於死亡教育的老師，訪問了失去親友的人們，用各式各樣的方式，就是希望能再更靠近一點，或是用不同的角度來了解這件事。過程之中也是有些小驚險，甚至常常有一些「生不如死」的情況，好像總是有寫不完的文案、企劃書在追趕，時間也是毫不留情地消逝，但很慶幸我們有完成它，完成了一些有意義的事情。

這邊要感謝我們自己的堅強、不離不棄、互相扶持，感謝玉佩老師總是在我們慌張時拉我們一把，並中肯地鞭策，感謝願意分享自己故事的人們，協助發放問卷的機構，還有讓我們得以了解很多相關知識的慧娟老師，以及一路上幫了我們很多忙的親朋好友。最後當然要感謝願意閱讀這本書，或甚至用新台幣支持我們的你，如果這本書真的有幫助到你，那我們會很開心的。

楊巧柔

一開始選擇做這個主題，就覺得是件充滿挑戰的事情。生死議題與每一個人都相關，但是平常大部分的人卻是能不談就不談，甚至認為是一個禁忌話題。製作書籍的過程跌跌撞撞，不過幸運地身旁總有貴人相助。前期資料蒐集時，與組員們在暑假期間，一邊實習一邊分析與生死相關的繪本，也曾為了訪問，多次到新竹以外的地方。那時我們只是一群年紀二十來歲的大學生，對於「死亡」這件事的感受還不夠深刻。起初先去臺中參加慧娟老師所舉辦的系列活動，也很感謝慧娟老師專業知識的協助。我們也訪問了有喪親經驗的受訪者，感謝他們願意分享自己生命中深刻的故事，讓這本書裡的故事多了些溫度。

最開心的是與組員們的合作，雖然探討的議題較為嚴肅，但大家仍常常一起熬夜開會、通宵趕工。有了共同目標，在一起努力向前的過程中，我們也培養了革命情感，可說是大學生涯中最值得回憶的事情。

最後也十分感謝，一路陪伴我們完成作品的玉佩老師，讓我們有足夠的空間自由發展，最終才能產出這本大家的心血結晶。

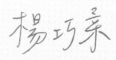

後記
Epilogue

徐仟妤

我生命裡第一次觸碰到「死亡」，是我的外曾祖父。老實說當時年紀太小，加上與曾祖父互動的次數非常少，已記不起太多的細節，只記得葬禮上小孩個個嬉皮笑臉，現場感受不到太多的哀傷情緒。

成長的過程中，很感恩的是我並沒有經歷過與至親好友的離別。然而隨著年紀漸長，「與生命的告別」這個議題似乎緩緩浮上檯面，無論是長輩的言談中、媒體播送的新聞、甚至是朋友社群網站的推文，都有它的存在。在製作本書的過程中，我們訪問的對象裡有些是生活周遭看似平常的同學或朋友，他們都曾在短期內遇上與親友的別離。死亡這個主題好像表面上很遙遠，實際上與每個人的生命環環相扣，如果能透過本書好好了解、談論它，是否就能夠解決一些疑惑與缺憾了呢？

在製作這本書的旅程中接收到了許多人的幫助以及善意，感謝從一開始就不停鞭策我們的玉佩老師，願意打開心房分享自身經驗的小天使們，提供相關專業知識的慧娟老師，還有正在閱讀這本書的你，希望這本書能夠為你帶來實際的幫助。

徐仟妤

郭庭芸

很幸運也很感恩地，我還未經歷過與至親的離別，但升上大學後，看見家中的長輩身體狀況不如以往，並面臨各種複雜的醫療決策，不禁使我開始正視生死一事，並想要認識更多。小時候提到任何跟死亡相關的話題，看著肥皂劇好奇地問遺囑是什麼，大人們雖然會解釋，但大多都以不吉利為由，把話題草草結束。一直到長大以後，才發現好多該懂的都不懂。

和好夥伴們組隊，開始討論題材之後，發現大家對於長輩避談生死有相似的經驗。於是，對於這套書的理念逐漸成型：東方人相當忌諱談死，若我們的作品能或多或少改善大家壓抑的觀念，並把很多長大以後還霧煞煞的生死資訊釐清，那就再好不過了！

透過各種採訪、問卷、講座、閱讀，才發現處理生死議題真的不容易，正是因為議題敏感，所以我們盡力以感恩、珍惜的心態將各種生命故事納入書中。過程中碰壁許多次，謝謝總是即時點醒我們的玉佩老師，以及提供許多專業資訊的生死關懷教育推廣協會郭慧娟老師，還有所有願意與我們敞開心胸、分享生命故事的貴人們。最後還要感謝我最愛的夥伴們，謝謝他們包容我這個兩光設計師的任性和拖稿，能齊心協力一起做這個專案真的很開心！

附錄 資料來源

郭慧娟（2016）。《臺灣死亡咖啡館：故事版》。臺中市：白象文化。

郭慧娟（2016）。《臺灣死亡咖啡館：手冊版》。臺中市：白象文化。

曾仁美（1999）。〈走出生命的幽谷：談導師對青少年死亡失落之輔導〉。在劉
　　明秋編，《問津與渡口：班級學生輔導手冊》（第十六章，頁 157-166）。臺南
　　市：國立台南師範學院學生輔導中心。

第 1 章

財團法人器官捐贈移植中心。〈支持器官捐贈，你可以這麼做〉。檢自：https://
　　www.torsc.org.tw/docDetail.jsp?uid=103&pid=55&doc_id=1060

iHealth（2018 年 3 月 9 日）。〈安寧療護費用與申請條件大公開！解答你的常見
　　迷思〉。檢自：https://www.ihealth.com.tw/article/ 安寧療護 /

衛生福利部（2018 年 10 月 3 日）。〈病人自主權利法明年上路 衛福部公布配套
　　辦法〉。檢自：https://www.mohw.gov.tw/cp-16-44221-1.html

財團法人中華民國安寧照護基金會（2016 年 4 月 27 日）。〈預立安寧緩和醫療
　　暨維生醫療抉擇意願書〉。檢自：https://www.hospice.org.tw/sites/default/files/
　　attfiles/ 預立安寧緩和醫療暨維生醫療抉擇意願書 -1050427 版 .pdf

財團法人中華民國安寧照護基金會。〈預立醫療決定書〉。檢自：https://www.
　　hospice.org.tw/acp

第 2 章

謝宗榮（2017 年 6 月 24 日）。〈生命告別為何隆重：解析臺灣喪葬禮俗〉。檢自：
　　http://think.folklore.tw/posts/2733

臺灣殯葬資訊網。〈各宗教喪葬禮儀流程：基督教〉。檢自：http://www.
　　funeralinformation.com.tw/Detail.php?LevelNo=54

田哲益（2009）。〈臺灣原住民喪葬禮俗〉。《臺灣源流》，52 期，98-103 頁。

趙可式（2015 年 12 月 18 日）。〈生命不可承受之重：從醫學看生死〉。檢自：
　　https://www.ewant.org/admin/tool/mooccourse/mnetcourseinfo.php?hostid=5&id=260

第 3 章

J.William Worden（2011）。《悲傷輔導與悲傷治療：心理衛生實務工作者手冊》（第三版）（李開敏等譯）。臺北市：心理。（原著出版年： 2008 年）

肯尼斯•J•多卡 （Kenneth J. Doka）（2018）。《面對失去，好好悲傷：傷痛不會永遠在，練習療癒自己，找到成長的力量》（初版）（林麗冠譯）。臺北市：時報出版。（原著出版年：2016 年）

吳麗珍、周傳姜、林妍君（2017）。〈哀傷理論於喪親家屬之護理應用〉。《護理雜誌》，64 卷 6 期，98-105 頁。

第 4 章

全國法規資料庫。《民法》繼承編 （§1138 － §1225）。檢自：https://law.moj.gov.tw/LawClass/LawParaDeatil.aspx?pcode=B0000001&bp=125

士林地方法院。〈常見公認證事件〉。檢自：http://sld.judicial.gov.tw/default.asp?t=&but1=31&but2=60

第 5 章

郭慧娟 （2018 年 3 月 26 日）。〈清明節，環保自然葬如何掃墓和追思〉。檢自 http://bongchhi.frontier.org.tw/archives/36252

內政部全國殯葬資訊入口網。檢自：https://mort.moi.gov.tw/

財團法人器官捐贈移植中心。檢自：https://www.torsc.org.tw/

英國經濟學人智庫（Economist Intelligence Unit）（2015）。〈2015 年死亡品質評比〉。檢自：https://eiuperspectives.economist.com/sites/default/files/2015%20EIU%20Quality%20of%20Death%20Index%20Oct%2029%20FINAL.pdf

衛生福利部預立醫療決定、安寧緩和醫療及器官捐贈意願資訊系統。檢自：https://hpcod.mohw.gov.tw/HospWeb/index.aspx

吳麗珍、周傳姜、林妍君（2017）。〈哀傷理論於喪親家屬之護理應用〉。《護理雜誌》，64 卷 6 期，98-105 頁。

V.J. Nuance（2013 年 2 月 17 日）。〈什麼是複雜性悲傷？〉。檢自：https://www.vjnuance.idv.tw/2013/02/what-is-complicated-grief.html

張玉薇（2011 年 3 月 18 日）。〈悲傷輔導系列二：悲傷都是因為愛——認識悲傷的多元面貌〉。檢自：http://www.wushin.org.tw/6-3-i.html

陳雅婷（2007 年 5 月 15 日）。〈許心靈一個慰藉的窗口：青少年時期歷經喪親的吶喊〉。《網路社會學通訊期刊》。檢自 http://mail.nhu.edu.tw/~society/e-j/63/index.htm

陳凱婷。〈穿越生命的月台〉。檢自：http://web.pu.edu.tw/~pu10270/26/A02.html

釋永有（2013 年 11 月 4 日）。〈第七章：悲傷輔導〉。《生死學》。檢自：https://www.slideshare.net/TTeacherlearn/ch7-20130617

呂蕙美（2004）。《自殺遺族悲傷反應及調適之研究》（碩士論文）。東海大學，台中市。

阿部的殯葬筆記本（2014 年 4 月 10 日）。〈悲傷諮商與治療〉。檢自：http://a0916969434.pixnet.net/blog/post/110789879-%E6%82%B2%E5%82%B7%E8%AB%AE%E5%95%86%E8%88%87%E6%B2%BB%E7%99%82

教育通識系列

一生一次旅遊指南 家庭的第一堂生死課

作　　者：楊巧柔、簡文怡、郭庭芸、徐仟妤
執行編輯：陳建安
封面設計：郭庭芸
內頁排版：黃春香

出 版 者：國立交通大學出版社
發 行 人：陳信宏
社　　長：盧鴻興
執 行 長：陳永昇
執行主編：程惠芳
編　　輯：陳建安
行銷專員：劉柏廷
地　　址：新竹市大學路 1001 號
讀者服務：03-5131542　（週一至週五上午 8:30 至下午 5:00）
傳　　真：03-5731764
網　　址：http://press.nctu.edu.tw
e - m a i l：press@nctu.edu.tw
製版印刷：長達印刷有限公司
出版日期：109 年 2 月初版一刷
定　　價：280 元
I S B N： 978-957-8614-38-3
G P N： 1010900025

展售門市查詢：
　交通大學出版社 http://press.nctu.edu.tw
　三民書局（臺北市重慶南路一段 61 號））
　網址：http://www.sanmin.com.tw　電話：02-23617511
或洽政府出版品集中展售門市：
　國家書店（臺北市松江路 209 號 1 樓）
　網址：http://www.govbooks.com.tw 電話：02-25180207
　五南文化廣場臺中總店（臺中市中山路 6 號）
　網址：http://www.wunanbooks.com.tw　電話：04-22260330

國家圖書館出版品預行編目(CIP)資料

一生一次旅遊指南：家庭的第一堂生死課 / 楊巧柔等著.
-- 初版. -- 新竹市：交大出版社, 民 109.02

　面；　公分. -- (教育通識系列)

ISBN 978-957-8614-38-3(平裝)

1. 生命教育 2. 生死學

528.59　　　　　　　　　108020840